PROCÈS
DE L'ÉVANGILE.

Mᵉ BERVILLE, AVOCAT.

DE L'IMPRIMERIE ANTHELME BOUCHER,
rue des Bons-Enfans, n.o 34.

CONSULTATION

DE Mᵉ BERVILLE,

AVOCAT A LA COUR ROYALE DE PARIS,

SUR LE MÉMOIRE

DE L'EX-COLONEL TOUQUET, LIBRAIRE,

APPELANT D'UN JUGEMENT RENDU, DANS L'AFFAIRE DE L'ÉVANGILE,
PAR LE TRIBUNAL CORRECTIONNEL DE PARIS.

*Novum crimen, et antè hunc diem
inauditum.*

PARIS.

AU PALAIS DE JUSTICE,

GALERIE DES PRISONNIERS;

ET CHEZ LE CONSULTANT, GALERIE VIVIENNE, Nº. 16.

1826.

CONSULTATION

DE M^c BERVILLE,

AVOCAT A LA COUR ROYALE DE PARIS.

Lᴇ Conseil soussigné, qui a pris lecture du *Mémoire à consulter* produit par M. Touquᴇᴛ, commençant par ces mots *au mois de mars 1826*, et finissant par ceux-ci *un outrage à cette religion;* Est d'avis, que le succès de l'appel interjeté par M. Touquet ne saurait être un seul instant douteux.

Il est peu nécessaire de reprendre ici la série entière des faits, suffisamment expliqués dans le *Mémoire à consulter*. L'hypothèse de la cause est d'ailleurs extrêmement simple. M. Touquet publie un volume qui renferme la *partie morale* de l'Évangile, et qui ne renferme rien sur la *partie miraculeuse* : le Ministère public voit, *dans cette omission*, un double délit; celui d'*outrage à la morale religieuse* et celui d'*outrage à la religion de l'État*. Poursuite; jugement qui, accueillant cette double prévention, condamne M. Touquet et maintient la saisie de l'ouvrage. Appel de la part de M. Touquet.

L'appel est-il fondé ? Telle est la question à examiner par le Conseil.

Pour arriver à une solution plus précise et plus complète à-la-fois, le Conseil pense qu'il est convenable de subdiviser cette question principale en cinq questions secondaires, dont chacune appelle un examen séparé.

Les voici, telles qu'il croit devoir les poser :

I. Nier la révélation, est-ce commettre un délit, sous l'empire de la Charte constitutionnelle ?

II Nier les miracles, est-ce nier la révélation ?

III. Ne pas faire mention des miracles, est-ce nier les miracles ?

IV. Une négation que l'on ne ferait résulter que du *silence*, constituerait-elle l'OUTRAGE qualifié par les lois du 17 mai 1819 et du 25 mars 1822 ?

V Quand on assimilerait l'OMISSION à l'OUTRAGE, le fait d'OMISSION est-il suffisamment établi ?

Ces questions, ce nous semble, sont plus importantes que difficiles à résoudre ; et peut-être, aux yeux des personnes familiarisées avec les principes de notre droit public, les avoir posées, est-ce déjà les avoir résolues. Toutefois, puisque le Consultant réclame une solution plus explicite, nous allons entrer, sur chacune d'elles, dans quelques développemens.

PREMIÈRE QUESTION.

Nier la révélation, est-ce commettre un délit, sous l'empire de la Charte constitutionnelle ?

§ 1.

La Charte déclare (art. 5) que « chacun professe sa religion avec une *égale liberté*, et obtient pour son culte *la même protection.* »

Or, il existe, dans l'État, des religions qui, non seulement ne reconnaissent pas, mais nient, de la manière la plus absolue, la *révélation* qui sert de base au christianisme. Telle est la religion juive, diamétralement opposée, sous ce rapport, à la religion chrétienne.

La Charte a même prévu et autorisé l'existence de ces religions dissidentes ; car, en déclarant, dans son art. 7, que « les ministres de la religion catholique, apostolique et romaine, et ceux des autres cultes *chrétiens*, » reçoivent seuls des traitemens du Trésor royal, » elle a implicitement, mais très-positivement, reconnu qu'il pouvait exister, qu'il existait même, dans l'Etat, d'*autres* cultes que les cultes *chrétiens*.

Et c'est au moment même où elle proclamait cette vérité de fait et de droit, qu'elle a garanti à tous les cultes sans distinction (sauf l'article du traitement) une *égale liberté*, une *même protection*.

Ainsi donc (à part le traitement) tous les cultes, *chrétiens* ou *non*, sont *égaux* aux yeux de la loi française. Il n'y a point à disputer là-dessus : la Charte l'a ainsi déclaré.

Maintenant, pour déterminer l'étendue de la liberté, attribuée, par cette disposition de la loi fondamentale, aux cultes étrangers ou opposés au christianisme, il n'y a plus à faire qu'une chose bien simple, c'est de considérer le degré de liberté attribué à la religion chrétienne, et spécialement à la communion catholique, qui peut leur être *préférable* en *sainteté*, mais qui n'est que leur *égale* en *liberté*.

Or, au nombre des DROITS qui n'ont jamais été contestés parmi nous aux citoyens qui suivent la religion catholique, se trouvent ceux

De professer publiquement leur croyance ;

De faire des prédications ;

De chercher à conquérir des prosélytes ;

D'écrire en faveur de leur croyance, et d'établir sa supériorité sur les autres croyances ;

Enfin, de *controverser*, dans toute l'étendue de ce mot.

Dès-lors, parmi les DROITS que l'on ne peut contester aux religions dissidentes, se trouve nécessairement compris le DROIT, pour leurs sectateurs,

De professer publiquement leur croyance ;

De faire des prédications ;

De chercher à conquérir des prosélytes ;

D'écrire en faveur de leur croyance, et d'établir sa supériorité sur les autres croyances ;

Enfin, de *controverser*, dans toute l'étendue de ce mot.

C'est-là une conséquence nécessaire du principe de *l'égalité* établi par la Charte.

Mais comment le Juif, le Musulman (*), dont la croyance n'est pas seulement étrangère, mais opposée à la croyance des Chrétiens, pourront-ils user du *droit de libre confession*, de *controverse*, de *prosélytisme*, sans *combattre les dogmes du christianisme*, sans *nier la révélation* sur laquelle ces *dogmes* sont établis, sans s'efforcer d'établir que leurs *dogmes* sont des *vérités*, et que par conséquent cette *révélation*, ces *dogmes*, qui leur sont contraires, sont des *erreurs* ?

Nier la révélation consacrée par la croyance des Chrétiens, est donc une faculté reconnue par la loi fondamentale des Français. Elle est une conséquence de *l'égale liberté* des religions, établie en principe dans la

---

(*) Ce n'est point par une pure hypothèse de droit, que le Conseil parle ici de la présence de la religion musulmane en France ; c'est un fait de notoriété publique, qu'il y a quelques années, il existait à Marseille une colonie égyptienne. Cette colonie a, dit-on, disparu dans la réaction de 1815 ; mais son existence, à une époque quelconque, témoigne assez que l'exemple cité dans la Consultation n'est point un exemple chimérique.

Charte constitutionnelle. L'usage de cette faculté peut constituer une *erreur;* il ne peut constituer un *délit.*

Peut-être essaiera-t-on de soutenir que ce *droit de controverse,* cette *liberté de négation,* n'appartiennent qu'aux sectateurs avoués des religions dissidentes, et ne peuvent profiter à M. Touquet, qui ne fait point de profession publique d'une de ces religions.

Cette prétention serait inadmissible sous tous les rapports.

D'abord, un acte ne peut être *licite* pour un citoyen, et *illicite* pour un autre citoyen. Les publications ne tirent que d'elles-mêmes, et non de la personne dont elles émanent, leur caractère *innocent* ou *criminel.* Si un seul Français a DROIT de *nier la révélation,* tous les Français ont DROIT de *nier la révélation;* car tous les Français *sont égaux devant la loi.* (Charte constitut., art. 1ᵉʳ.)

D'ailleurs, qui a droit d'affirmer que le Consultant appartient ou n'appartient pas à telle ou telle croyance ?

A qui a-t-il été donné de lire dans sa conscience, et de connaître quels sont les articles de foi qu'il admet, quels sont ceux qu'il rejette ? « *Il ne fait pas profession publique du judaïsme, ni d'une autre religion dissidente!* » Est-ce, par hasard, que, *pour avoir le droit de publier un livre,* il faudrait commencer par *faire sa profession de foi publique?*

Tout citoyen doit compte à la loi de ses actions : nul ne lui doit compte de ses pensées, de ses opinions, de ses croyances. C'est pourtant ce qu'il faudrait admettre, si, avant d'absoudre ou de condamner une publication, on pouvait s'enquérir à quelle croyance appartient l'éditeur. Faudra-t-il donc qu'avant de publier un livre où seront défendues les doctrines de la foi protestante ou

judaïque, l'écrivain commence par faire abjuration so-
lennelle de la foi catholique ?

Laissons cette inquisition au tribunal du Saint-Office ;
mais devant les tribunaux français, procédons d'après la
loi française ; et souvenons-nous que la Charte a proscrit,
sans retour, le système qu'on voudrait introduire dans
notre jurisprudence.

Les premiers juges ont donc commis une erreur évi-
dente, en imposant à un écrivain, libre dans sa croyance
et dans l'expression de cette croyance, un article de foi
emprunté à la seule religion chrétienne. Ils ont méconnu
en cela le texte et l'esprit de notre législation ; et, sous
ce premier rapport, leur jugement doit être réformé.

Nous disons l'*esprit* de notre législation. En effet,
indépendamment de la Charte, qui est le commentaire
le plus authentique et le plus respectable de toutes les
lois secondaires, nous voyons l'intention du législateur
se révéler encore d'une manière (en quelque sorte) offi-
cielle, dans les rapports et dans les discours qui ont
préparé l'adoption de nos deux lois sur la presse.

Ainsi, M. Cuvier, *commissaire du roi*, prononçait
dans la Chambre des Députés, à l'occasion de l'art. 8 de
la loi du 17 mai 1819, ces paroles remarquables : « Nous
» VOULONS LAISSER TOUTE LIBERTÉ DE DISCUSSION PHILOSO-
« PHIQUE. »

Dans la même discussion, un député (M. d'Haute-
feuille), ayant proposé d'amender cet article, en ajou-
tant aux mots de *morale publique* qui se trouvaient
seuls dans le projet, ceux de *morale religieuse*, M. le
garde des sceaux déclara ne point s'opposer à l'amen-
dement « parce qu'il était persuadé que le vœu de la
» Chambre était de maintenir pleine et entière la LIBERTÉ
» de *toutes* les religions et de tous les cultes, soit dans

» l'expression de leurs croyances, soit dans *la discussion*
» *des autres croyances.* » Il voyait, dans l'amende-
ment, une répétition inutile, mais qui ne pourrait être
dangereuse, pourvu qu'en l'admettant, il fût bien entendu
» que ces mots *morale religieuse* n'embrasseraient point
» les croyances relatives à chaque culte, et n'en limite-
» raient ni la *liberté*, ni la *controverse.* »

Enfin, le rapporteur de la loi à la Chambre de Pairs
(M. le duc de Broglie) faisait entendre ces paroles plus
remarquables encore, et que nous prenons la liberté de
recommander à la méditation des magistrats.

« Dans un pays où la liberté des cultes est un droit
» constitutionnel, et où la liberté des discussions phi-
» losophiques est un droit acquis par une prescription
» plus que centenaire, si une loi était rendue, qui
» permît à quiconque se verrait contester avec quelque
» vivacité, soit un sentiment qu'il trouve bon, soit une
» opinion qu'il trouve juste, soit *un dogme qu'il estime*
» *vrai*, soit une pratique qui découle de ce dogme,
» de porter plainte en justice, et de voir sa plainte ac-
» cueillie, les tribunaux retentiraient incessamment des
» *cris de l'école*, leurs arrêts deviendraient des décisions
» de théologie ou de métaphysique ; les diverses com-
» munions religieuses (qui aujourd'hui vivent en paix)
» ressaisiraient leurs armes ; et peut-être verrions-nous
» (avant peu) une grande partie de la population,
» tourmentée et dégoûtée par ces débats, s'égarer de
» nouveau, jusqu'à imputer à la religion le tort du législa-
» teur.

» Pressés entre tant de dangers et de difficultés, que
» pouvaient faire les rédacteurs du projet de loi ? Sans
» doute, ils se sont bien dit d'abord que le législateur,
» en pareille matière, devait se constituer le vengeur

» de la société, c'est-à-dire, de la communauté des gens
» de bien ; *mais de la société tout entière, et non pas*
» *d'aucun de ses membres en particulier ; qu'il devait*
» punir seu'ement, là où toutes les âmes vertueuses
» étaient également offensées, *mais éviter à tout prix*
» *de prêter son bras au triomphe d'une croyance ou*
» *d'une secte sur une autre croyance.*

» Portant ensuite ses regards sur le vaste champ des
» controverses et des discussions humaines, il a dû
» reconnaître, d'une part, *que tout ce qui se produisait*
» *dans un langage modeste, et conformé aux bien-*
» *séances, méritait protection, sur quelque sujet que*
» *ce fût ;* ensuite, *que ce serait violer la liberté des*
» *cultes, que d'interdire à telle ou telle religion, le*
» *droit de lancer l'anathème sur toute autre, et de se*
» *proclamer exclusivement vérité ;* enfin *qu'on ne*
» *pourrait,* sans compromettre le progrès des sciences
» physiques et de la philosophie naturelle, *placer des*
» *dogmes positifs sous la protection des tribunaux.*

» Après avoir ainsi constaté le domaine de la liberté,
» les rédacteurs du projet ont aperçu facilement *que la*
» *main du législateur ne pouvait s'étendre que sur ces*
» *attaques gratuites et brutales,* heureusement rares
» dans ce siècle, et que l'impudence ou l'impiété diri-
» gent contre des objets respectables, uniquement parce
» qu'ils sont respectés. Ces attaques, le projet de loi les
» qualifie OUTRAGES : *s'il eût existé dans la langue un*
» *terme plus vif, plus fort, plus énergique, il eût été*
» *choisi, sans doute, afin de mieux éviter toute mé-*
» *prise.* »

Tel était donc l'esprit de la loi de 1819. Le législateur
a-t-il été animé d'un esprit différent, lorsqu'il a porté la

loi du 25 mars 1822 ? Nullement. Écoutons M. le rapporteur de la Chambre des Pairs (M. le comte Portalis) :

« Si la religion de l'état et les religions établies doivent
» être protégées dans un pays qui admet la liberté de
» conscience et l'existence simultanée de religions di-
» verses, la protection qu'on leur accorde ne doit point
» dégénérer en oppression réciproque. *Les controverses*
» *philosophiques ou théologiques doivent être libres,*
» tant qu'elles ne sortent pas des bornes de la décence,
» et qu'elles ne troublent pas la paix publique. Aussi, le
» projet de loi n'incrimine-t-il que les écrits qui auraient
» *outragé* ou *tourné en dérision* la RELIGION. *Cette li-*
» *mite exacte et précise rend tout abus impossible.* »

Cette opinion du rapporteur était aussi l'opinion du gouvernement qui proposait la loi. Voici comment s'exprimait, sur l'article 1er, relatif aux *outrages à la religion*, le ministre de l'intérieur :

« *La controverse, sans doute, doit être permise ;*
» mais, lorsqu'elle se renferme dans les bornes 'd'une
» sage modération, *est-elle interdite, ou plutôt n'est-*
» *elle pas suffisamment protégée par le projet ?* C'est
» ce qu'il faut examiner. L'article ne punit que l'ou-
» TRAGE et la DÉRISION. *Ce serait apparemment bien mal*
» *interpréter ces deux mots, que les appliquer à la*
» *controverse. Elle demeure donc permise,* ET ELLE
» L'EST POUR TOUTES LES RELIGIONS, puisque la disposition
» est *générale, et ne s'applique pas plus à la religion*
» *de l'état qu'aux autres cultes.* »

Il est donc évident que, sous l'empire de la loi de 1822, comme sous l'empire de la loi de 1819, le DROIT de *controverse* reste entier.

Or, qu'est-ce que le DROIT de *controverse ?* c'est le DROIT *d'examen dans les matières de religion ;* c'est le

DROIT, pour celui qui *ne croit point à un dogme quelconque*, *d'en discuter*, *d'en nier la vérité*.

Le jugement dont est appel a donc fait une fausse application des lois précitées, *en condamnant* un éditeur, *pour une publication* supposée *contraire aux dogmes et aux croyances du christianisme*.

Cependant, quand l'intention du législateur aurait été de rendre les dogmes du christianisme inviolables, et d'imposer aux citoyens des articles de foi, contre le vœu formel du législateur suprême (l'auteur de la Chute constitutionnelle), il faudrait encore examiner si la *négation des miracles* annoncés dans l'Évangile équivaudrait à la *négation de la révélation*.

DEUXIÈME QUESTION.

NIER LES MIRACLES, est-ce NIER LA RÉVÉLATION ?

QU'EST-CE que les MIRACLES, suivant les docteurs de l'Église chrétienne ? Sont-ce les *dogmes ?* nullement. Ce sont des *preuves du dogme*. Les *miracles* ne sont point *l'objet de la foi*, mais un *moyen employé pour établir la foi.*

Pour conclure de la *négation des miracles* à la *négation du dogme*, il faudrait donc que le *dogme* ne fût prouvé que par les *miracles*.

Or, les *miracles* sont loin d'être la seule preuve invoquée par les Chrétiens, en faveur de la vérité de leur croyance. La *révélation*, la *mission divine du Christ* sont établies à leurs yeux sur plusieurs genres de preuve, dont chacun peut mesurer la force, selon la manière plus ou moins vive dont il en est affecté. Beaucoup de Chrétiens, par exemple, se déterminent principalement à *croire*, en considération de la *morale* sublime de

l'*Évangile*. La *divinité de la morale* est, à leurs yeux,
le témoignage le plus certain de la *divinité de son auteur* : ce témoignage leur suffit ; il ne leur en faut point
d'autres.

Cela est vrai, surtout dans les communions réformées,
qui reposent sur le *principe de la liberté d'examen*.
Là, chacun est juge de sa croyance ; chacun trouve,
dans sa conscience seule, et non dans l'autorité, les rè-
gles de sa foi ; chacun peut rejeter à son gré un ou plusieurs articles du dogme, et admettre les autres. A plus
forte raison, chacun peut-il se déterminer, dans l'adoption de tel ou tel dogme, par le genre de preuve qui
parle le mieux à sa raison et à son cœur. Les uns croient,
fondés sur les *miracles;* d'autres pensent que la *morale*, qui n'arrive point à nous par tradition, qui nous
est directement *révélée* par le suprême auteur des choses,
dont l'incrédulité même ne peut méconnaître l'évidence,
n'est pas une preuve moins sûre, moins frappante,
moins respectable, que les *prodiges* dont les siècles nous
ont transmis la mémoire. Loin que chez eux la *croyance
aux miracles* soit une *condition* nécessaire *de la foi*,
il s'en est quelquefois trouvé qui les ont regardés comme
un *obstacle à la foi*. Un célèbre écrivain protestant n'a-
t-il pas été jusqu'à écrire ces propres paroles : « Otez les
» *miracles* de l'Évangile, et toute la terre est aux pieds
» de Jésus Christ ? »

Et cependant, les communions réformées sont re-
connues par la Charte ; elles sont au nombre de ces
croyances auxquelles la loi fondamentale garantit une
égale liberté et une *même protection ;* leurs ministres
reçoivent des traitemens du Trésor royal.

On peut donc être Chrétien, sans *croire* à *toutes* les
preuves du christianisme, *sans exception*. Nier les mi-

RACLES , c'est donc purement et simplement *nier les miracles* , et nullement *nier la divinité de Jésus-Christ* ,
comme l'ont supposé les premiers juges.

Mais , quand on pourrait confondre deux choses aussi
distinctes, et voir, dans la question des *miracles* , la
question de la *révélation* tout entière, il faudrait encore
examiner si l'appelant a effectivement *nié les miracles.*
Ceci nous conduit à examiner la troisième question que
nous avons posée.

TROISIÈME QUESTION.

Ne pas faire mention des miracles, est-ce nier les miracles ?

On s'est fréquemment élevé , au barreau, contre ce que
l'on a nommé *le système interprétatif.* On a signalé les
abus de cette méthode, qui punit un écrivain, *non
pour ce qu'il a dit,* mais *pour ce qu'on suppose qu'il
a voulu dire.*

Cependant (qu'il nous soit permis de le remarquer),
le système d'accusation , dirigé contre le Consultant ,
passe tout ce qu'on avait vu jusqu'alors dans ce genre.
Jusqu'ici, on n'avait *interprété* que *des paroles :* c'est la
première fois qu'on a entrepris d'*interpréter* le silence.

En accueillant ce système d'incrimination , les premiers juges se sont-ils renfermés dans le cercle d'une
saine logique ? Nous ne le pensons pas.

Ou les notions universellement reçues jusqu'aujour-
d'hui en fait de langage sont des notions erronées, ou
l'acte de *nier* est quelque chose de plus que l'acte de se
taire.

Autre chose est certainement de dire *qu'un fait est
faux* ; autre chose , de *n'en pas parler.*

En vain dirait on que M. Touquet *ne s'est pas borné*

au silence ; qu'il a publié une partie du livre sacré ; que, publier cette partie, en retranchant l'autre, c'est faire entendre qu'*il n'ajoute point foi à la partie retran-chée.*

Tout ce qui résultera de cette subtile et laborieuse argumentation, c'est que M. Touquet *n'a point affirmé* les *miracles,* mais non qu'il les ait *niés :* car tout l'effort de l'argumentation humaine ne peut faire que *taire* soit synonyme de *nier.*

Si une semblable interprétation pouvait jamais être admise, il deviendrait impossible de jamais faire d'extraits d'un ouvrage, sans s'exposer aux critiques les plus étranges. Supposons, par exemple, qu'un écrivain fasse paraître un extrait de l'ouvrage de Péréfixe, sous le titre : Vie de Henri-le-Grand (*partie militaire et diplomatique*) ; on conclura, et avec le même fondement, qu'il a *nié* les actes d'excellente administration intérieure et les traits de bonté privée du royal ami de Sully.

Pour nous rapprocher davantage de l'objet en discussion, supposons que M. Touquet, au lieu de publier la *partie historique et morale* de l'Évangile indépendamment des *miracles,* eût fait paraître la *partie miraculeuse* indépendamment de la *morale ;* croirait-on pouvoir en inférer que M. Touquet rejette la *morale de l'Evangile ?*

C'en est trop peut-être, sur un point qui ne peut véritablement être l'objet d'une contestation sérieuse. Toutefois, l'intérêt des principes nous commande de pousser plus loin encore notre examen. Nous admettrons donc, par hypothèse, que *le silence peut être assimilé à une négation formelle.* Ici, une nouvelle question très importante s'offre encore à examiner.

QUATRIÈME QUESTION.

Une *négation*, que l'on ne feroit résulter que du *silence*, constitue-rait-elle L'OUTRAGE qualifié par les lois du 17 mai 1819 et du 25 mars 1822?

Qu'a entendu le législateur, par le mot *d'outrage* employé dans plusieurs dispositions de nos lois sur la presse? Est-ce un simple manque de déférence, une simple contradiction? Est-ce, au contraire, une atteinte considérable par sa gravité?

Pour nous fixer sur ce point, rappelons encore ici les discussions qui ont préparé l'adoption de ces lois.

« Il est reconnu de toutes parts, disait en 1819 un dé-
» fenseur du projet de loi (M. Royer-Collard), que les
» *opinions* ne sont l'objet de la loi, ni comme *vraies*
» ou *fausses*, ni comme *salutaires* ou *nuisibles*. Outre
» que la loi est *sans discernement à cet égard* (paroles
» bien sages et bien profondes), les expériences décisi-
» ves des XVI° et XVIII siècles attestent son impuissance,
» soit à établir, soit à détruire *des doctrines*. Aussi,
» Messieurs, ne s'agit-il pas *de simples opinions...* L'ar-
» ticle qui vous est proposé, ne punit que *l'outrage*. Je
» prie que l'on remarque la différence *de la simple opi-*
» *nion* à *l'outrage.....* »

M. Cuvier, commissaire du roi, parlant de l'OUTRAGE à la *morale publique*, s'exprimait en ces termes, qui, certes, n'offrent aucune ambiguïté : « OUTRAGER ce sen-
» timent par des *insultes grossières*, non-seulement en
» général, mais en attaquant, d'une manière *populaire*,
» *directe, claire et précise*, les vérités sur lesquelles il
» repose ; l'OUTRAGER ensuite, en *ulcérant le cœur de*
» ceux qui, par leur culte particulier, lui donnent des

» applications qu'ils croient vraies : voilà ce que nous
» appelons outrager la *morale publique*. Outrager une
» *religion* comme *religion*, insulter ceux qui la profes-
» sent, les livrer *au ridicule*, tourner *en dérision* les
» rites de chaque *religion* en particulier ; tout cela, c'est
» *outrager la morale publique*. »

M. le rapporteur de la Chambre des Pairs prenait soin,
de son côté, de nous avertir que la loi n'entendait, par le
mot outrage, que « ces attaques gratuites et *brutales*,
» que l'impudence ou l'impiété dirigent contre des objets
» respectables. Ces attaques, disait-il, le projet de loi les
» qualifie outrages ; *s'il eût existé dans la langue un*
» *terme plus fort, plus énergique, il eût été choisi,*
» *sans doute, afin de mieux éviter toute méprise.* »

Ainsi pensait le législateur de 1819 ; ainsi pensait aussi
le législateur de 1822, lorsque (par la bouche du rapporteur de la Chambre des Pairs) il déclarait que « les
controverses philosophiques ou *théologiques* doivent
être libres, tant qu'elles ne sortent pas des bornes *de la*
décence, et qu'elles ne troublent pas la paix publique ;
qu'ainsi le projet de loi n'incriminait que les écrits qui
auraient *outragé* ou *tourné en dérision* la religion ; que
cette limite exacte et précise rendait *tout abus impossi-*
ble; » lorsque (par la bouche du ministre de l'intérieur)
il disait : « L'article ne punit que l'outrage et la dérision :
ce serait apparemment bien mal interpréter ces deux
mots, que de les appliquer à la controverse. »

Il est plus qu'évident (d'après ces explications unanime-
mes) que des discussions modérées, des objections dé-
centes, des négations sans amertume, ne constituent pas
l'outrage, aux yeux du législateur ; qu'il faut, pour qu'il
y ait outrage dans le sens de la loi, quelque chose de
beaucoup plus grave, des insultes grossières, des raille-

ries sanglantes, d'amères invectives : voilà ce que le monde, voilà ce que le barreau, voilà ce que la loi, entendent par OUTRAGE.

Or, ces *insultes*, ces *railleries*, ces *invectives*, comment les *trouver dans une simple omission* ? Quoi de plus mesuré, de plus calme, de moins offensif, que le SILENCE ?

On accorde, on reconnaît, le droit de contester, de critiquer, pourvu qu'on le fasse avec modération et décence ; *et l'on refuserait le droit de se taire !* N'y aurait-il pas là une inconséquence trop choquante ? Une simple *prétérition* est-elle plus offensante qu'une *contradiction* modérée, mais explicite ?

Mais le législateur lui-même a pris soin de nous tenir en garde contre un pareil abus ; lui-même nous a déclaré, de la manière la plus formelle, que jamais il n'a pensé à considérer le SILENCE comme un OUTRAGE.

Ici, ce ne sont plus les discussions des Chambres que nous appelons en témoignage : ce sera la loi elle-même.

Ouvrons celle du 17 mai 1819, relative à la *répression* des *délits* résultant de *publication*. Nous y lisons, article 1er : « Quiconque, soit par des *discours*, des *cris* » ou des *menaces*, proférés dans des lieux ou réunions » publics, soit par des *écrits*, des *imprimés*, des *dessins*, » des *gravures*, des *peintures* ou *emblèmes*; aura provo- » qué, etc.... »

Quelle est (nous le demandons à tout homme de bonne foi) l'impression que ces paroles portent dans l'esprit ? N'est-ce pas évidemment que les *délits de publication* ne peuvent résulter que d'une *manifestation explicite et formelle de la pensée ?* N'est-ce pas que le législateur a entendu sévir uniquement *contre ce qu'on pourrait faire*, et non *contre ce qu'on pourrait ne pas faire ?*

N'est-ce pas qu'il a voulu punir des *actes* criminels, et non de simples *omissions ?*

S'il fût entré dans sa pensée de *punir le silence*, ne l'aurait-il pas fait connaître ? Par exemple, au lieu de dire simplement : « Quiconque, par des *discours*, *cris* » ou *menaces*, proférés dans des lieux publics, » n'aurait-il pas ajouté : « Quiconque, *en se taisant* dans des lieux » ou réunions publics, aura *provoqué*, etc. ? »

Mais non : jamais il n'est entré dans la volonté du législateur que la pensée muette pût être traduite en jugement. Les *provocations*, les *attaques*, les *outrages*, qu'il a voulu punir, sont des *provocations*, des *attaques*, des *outrages* par *paroles*, et non des *provocations* ou des *outrages* par *prétérition*. S'il faut de nouvelles preuves à l'appui de cette vérité, nous les trouveront dans la loi du 26 mai 1819, relative à la *poursuite des délits de publication*.

Ouvrons cette loi : nous y verrons, art. 6, que « la » partie publique dans son réquisitoire, ou le plaignant » dans sa plainte, sont tenus, *à peine de nullité*, d'ar- » *ticuler* et de *qualifier* les *provocations*, *outrages*, » etc., etc.... »

La même disposition est reproduite dans l'art. 15, à l'égard de l'ordonnance de mise en prévention et de l'ar- rêt de renvoi.

Mais comment *articuler* un OUTRAGE qui ne résulterait que d'une *prétérition ?* où sont les *passages incriminés ?* où sont les *textes coupables ?*

Trouverez-vous, dans la *morale* de l'Évangile, quelques passages contraires à la *morale religieuse*, quelques phrases outrageantes pour la *religion de l'État ?*

Et si vous ne pouvez incriminer aucun texte, aucun passage ; si chaque phrase, si chaque alinéa, pris à part, ne renferme que des expressions innocentes et dignes de respect, de quel droit incriminez-vous ma publication dans son ensemble, pour n'avoir pas ajouté à ces choses innocentes et respectables, d'autres choses que vous trouvez respectables aussi, mais dont l'absence enfin n'empêche pas que toutes les paroles de mon livre ne soient des paroles irrépréhensibles ?

Quelle inquisition, s'il était permis de frapper un éditeur, non *pour ce qu'il aurait publié,* mais *pour ce qu'il n'aurait pas publié ?* s'il ne suffisait plus d'être innocent par le fait de la publication qu'on produirait, et qu'on pût être incriminé *par rapport à une autre publication* que l'on voudrait vous forcer d'y joindre ?

Aussi, jusqu'à ce jour, n'avait-on jamais entendu parler, en France, d'un pareil genre de délit : *novum crimen, et ante hunc diem inauditum.*

- La discussion étendue, à laquelle nous venons de nous livrer, nous paraît épuiser la question dans ses rapports avec l'intérêt public. Nous ajouterons un mot dans l'intérêt particulier de M. Touquet.

CINQUIÈME QUESTION.

Quand on assimilerait l'OMISSION à l'OUTRAGE, le FAIT D'OMISSION est-il suffisamment établi ?

Le Ministère public accuse M. Touquet *d'omission,* ou (si l'on veut) de *mutilation,* pour parler comme les premiers juges.

C'est donc à lui de prouver l'*omission* : car c'est-là le fait incriminé, et c'est lui qui l'allègue.

Pour le prouver, il représente le volume saisi.

M. Touquet répond (*) que ce volume n'est que la première partie d'une publication qu'il se proposait de compléter incessamment par la publication d'une seconde partie, contenant la partie miraculeuse de l'*Évangile*.

Devant cette simple explication, la preuve tirée du contexte de l'ouvrage saisi, tombe; le fait que l'ouvrage *tel qu'il est*, n'est point l'ÉVANGILE COMPLET, cesse d'être un fait concluant, à moins que l'accusation ne prouve l'une de ces deux choses :

Ou que la publication, telle qu'elle se comporte aujourd'hui, exclut la possibilité d'un complément ;

Ou que M. Touquet a positivement manifesté, par des actes non équivoques, une intention contraire à celle qu'il annonce aujourd'hui.

Or, on ne prouve, on n'essaie de prouver, aucune de ces deux choses.

L'accusation reste donc sans fondement, même en simple point de fait.

Il est donc évident, d'après les développemens auxquels le Conseil vient de se livrer,

Que le jugement dont est appel a déclaré constante une *omission* qui n'est nullement prouvée ;

Que cette *omission*, existât-elle, ne pourrait jamais constituer un OUTRAGE, aux termes de la loi ;

Que *ne point parler des miracles*, n'est point *nier les miracles* ;

Que *nier les miracles*, ne serait point *nier la révélation* ;

Que *nier la révélation*, ne serait point un *délit*, sous

(*) A ce sujet, revoir le MÉMOIRE A CONSULTER.

(Note du Consultant.)

l'empire d'une Charte qui proclame l'*égale* liberté des cultes et des religions.

Avant de terminer, le Conseil croit devoir ajouter une observation relative à l'un des textes de loi appliqués par les premiers juges : celui qui DÉCLARE M. TOUQUET COUPABLE D'OUTRAGE *à la morale religieuse.*

Le Conseil est convaincu que ces termes n'ont été insérés par inadvertance dans le jugement, que par l'effet d'une simple erreur de rédaction. En effet, il lui paraît impossible de concevoir comment la *morale religieuse* pourrait être outragée par la publication de la partie *morale* du livre fondamental de la *religion de l'Etat.* Il n'imagine pas même par quelle marche d'argumentation il serait possible d'arriver à ce résultat.

Par ces motifs, le Conseil persiste dans les solutions ci-dessus énoncées.

Délibéré à Paris, ce 11 novembre 1826.

BERVILLE.

(*Extrait du* Spectateur des Tribunaux).

www.ingramcontent.com/pod-product-compliance
Lightning Source LLC
LaVergne TN
LVHW020507060726
842525LV00005B/1905